AF231633

CATALOGUE

D'UNE BELLE COLLECTION

DE

TABLEAUX

ANCIENS ET MODERNES,

MINIATURES, AQUARELLES ET DESSINS,

Provenant du Cabinet de feu M. THEVENIN,

DONT LA VENTE AURA LIEU

HOTEL DES VENTES MOBILIÈRES,

RUE DES JEUNEURS, N. 42 BIS,

Salle, N° 1,

LE LUNDI 27 JANVIER 1851, A UNE HEURE PRÉCISE,

Par le ministère de M° RIDEL, Commissaire-Priseur, rue Saint-Honoré, 335.

Assisté de M. **SCHROTH**, Appréciateur,
rue des Orties St-Honoré, 9.

>>>—‹‹‹

Exposition publique.

Au domicile de M. THEVENIN, rue de la Paix, 23, le Samedi 25 Janvier,

Et à l'Hôtel des Ventes mobilières rue des Jeuneurs, n. 42 bis,

Le Dimanche 26 Janvier, de midi à quatre heures.

PARIS

IMPRIMERIE ET LITHOGRAPHIE MAULDE ET RENOU,

Rue Bailleul, 9-11, près du Louvre.

1851

CATALOGUE

D'UNE BELLE COLLECTION

DE

TABLEAUX

ANCIENS ET MODERNES,

MINIATURES, AQUARELLES ET DESSINS,

Provenant du Cabinet de feu M. THEVENIN,

DONT LA VENTE AURA LIEU,

HOTEL DES VENTES MOBILIÈRES

RUE DES JEUNEURS, 42 BIS,

Salle n. 1,

LE LUNDI 27 JANVIER 1851, A UNE HEURE PRÉCISE,

Par le ministère de Mᵉ RIDEL, Commissaire-Priseur,
Rue Saint-Honoré, 335,

Assisté de M. SCHROTH, Appréciateur,
rue des Orties Saint-Honoré, n. 9.

EXPOSITION PUBLIQUE

Au domicile de M. THEVENIN, rue de la Paix, 23, le Samedi 25 Janvier,

Et à l'Hôtel des Ventes mobilières rue des Jeuneurs, n. 42 bis,

Le Dimanche 26 Janvier, de midi à quatre heures.

PARIS,

IMPRIMERIE ET LITHOGRAPHIE DE MAULDE ET RENOU,
RUE BAILLEUL, 9 ET 11.

1851

DÉSIGNATION

DES TABLEAUX.

TABLEAUX ANCIENS.

DOW (GÉRARD).

1 — L'Empirique. De la collection Erard.

MIERIS (GUILLAUME).

2 — Le Jugement de Pàris.

TABLEAUX MODERNES.

M. BELLANGÉ (HYPPOLITE).

3 — Une Halte. Des cavaliers demandent des ren-
seignements à des villageois.

M. BARON (Henri).

4 — Les Plaisirs champêtres. Réunion de personnages faisant de la musique.

M. BERANGER (Charles).

5 — Jeune Femme à sa toilette.

M. BERANGER (Emile).

6 — Grisette du siècle de Louis XV.

7 — Jeune Fille s'apprêtant à faire la toilette d'un jeune enfant.

M. BLANCHARD.

8 — Paysage, bords de rivière.

M. BOUTON.

9 — Intérieur de Sacristie.

M. BRACKELAER.

10 — La Dispute après le repas.

Mlle BONHEUR (Rosa).

11 — Moutons au pâturage.

M. BRASCASSAT.

12 — Une Chèvre et son petit.

M. BRIAS.

13 — Intérieur de la boutique d'un fruitier herbager.

M. CALAME.

14 — Paysage et fond du lac de Genève.

CHARLET.

15 — Un Sergent de voltigeurs.

M. COUDÈRE (Auguste).

16 — Vue intérieure du cabinet d'un Antiquaire.

M. DUPRÉ (Jules).

17 — Paysage et arbres près d'un étang.

M. DECAMPS.

18 — Chasse au Cerf.
19 — Ane dans une cour.
20. — Bûcherone portant du bois mort.

21 — Vue de la villa Pamphili à Rome. H. 30 L. 40

22 — L'École turque.

selon Beurdeley père "Vanket"

M. DELAROCHE (Paul).

23 — Une Mère montre à lire à ses enfants. Rond. 12 cm.

LE MÊME et M. EUG. LAMI.

24 — Cuirassier tenant un étendard qu'il vient d'enlever à l'ennemi.

M. DEMARNE.

25 — Le Bac.

M. DYCKMANS.

26 — Cuisinière tenant un coq sur ses genoux.

M. FAUVELET.

27 — Une Visite.

M. FLEURY (Robert).

28 — Alchimiste dans son laboratoire.
29 — La Lecture interrompue.
30 — Bethsabée sortant du bain.

FRANQUELIN.

-31 — Henri IV et Fleurette.

-32 — Louis XIII et Mlle Lafayette.

- 33 — Le Lever des Grisettes.

M. GALLAIT.

- 34 — La Tentation de saint Antoine.

M. GIRARDET.

- 35 — Souvenirs de jeunesse.

M. GUDIN (THÉODORE).

-36 — Marine calme.

-37 — Marine et Falaise.

-38 — Marine, Tempête.

M. GUILLEMIN.

- 39 — La Consultation.

-40 — La mauvaise Nouvelle.

- 41 — Le Joueur de clarinette.

M. HESSE (ALEXANDRE).

- 42 — La Tentation de saint Antoine.

M. ISABEY (EUGÈNE).

43 — Marine avec barques de pêcheurs.

M. LEYS.

44 — Banquier israélite.

M. LUCKX.

45 — Marchande de légumes.

M. MADOU.

46 — Le mauvais Ménage.

MARILHAT.

47 — Souvenirs des environs de Beyrout.
48 — Vue prise en Auvergne.
49 — Chameaux à l'abreuvoir.
50 — Souvenir d'Orient.

M. MEISSONNIER.

51 — Soldats jouant aux dés. H. 20 . L. 25
52 — Soldat vêtu d'une cuirasse, debout contre un mur,
   et appuyé sur sa hallebarde. H. 20 . L. 12.

MM. MEISSONNIER et FRANÇAIS.

- 53 — Vue prise à Saint-Cloud dans le parc ; les figures
sont de M. Meissonnier. H.40 L.25

M. OUVRIÉ (Justin).

- 54 — Une Rue de Bruges.

PAPETY.

- 55 — La Danse du Saltarello.
- 56 — La Marguerite effeuillée.

M. PATRY.

- 57 — La Chute des Feuilles.

PRUDHON.

- 58 — L'Innocence entraînée par l'Amour et suivie par
le Repentir.
- 59 — Petits Enfants jouant avec des Chiens.

M. ROHEN (Adolphe).

- 60 — La Confession.
- 61 — Le petit Orphelin.

M. SCHEFFER (Ary).

62 — Souliotes sur le rivage.

M. SCHELFAUT.

63 — Paysage et cascade.   H. 30 L. 40

M. STEUBEN.

64 — Jeune fille en ~~pierres~~.   H. 50 L. 35

M. VAN SCHENDEL.

65 — Marché à la Haye.   H. 1 m. L. 60

M. VERBOECKOVEN.

66 — Taureaux, Vaches, Moutons, etc.   H. 55   L. 70
67 — Moutons dans une étable.   H. 25   L. 20
68 — Cheval blanc près de son cavalier.   H. 40 L. 50
69 — Basse-cour.   H. 30 L. 40

M. VERNET (Horace).

70 — Episode de la peste de Barcelone.
71 — Episode du siége de Sarragosse.

72 — Revue de l'empereur Napoléon aux Tuileries. 3000
Grisaille.

73 — Le bon Samaritain.

M. WATELET.

74 — Paysage bordé par une rivière. 380

M. WILD.

75 — Vue de Venise. 380

76 — Couvent de Sorrente. 450

MINIATURES.

M. ISABEY père.

77 — Intérieur d'un vestibule de palais. 405

78 — Portrait de Napoléon. 80

M. MANSION.

79 — Une tête de jeune créole. 280

80 — Jeune femme en robe de velours. 170

AQUARELLES & DESSINS.

M. BÉLLANGÉ (Hippolite).

81 — Curé de village faisant une remontrance à des enfants. *H. 50 L. 40*

CHARLET.

82 — Une Lecture.

83 — Curé à cheval et Hussard blessé, en croupe. *H. 60 L. 40*

GÉRARD (LE BARON).

84 — Psyché abandonnée.

M. ISABEY PÉRE.

85 — Portrait en pied d'une jeune femme.

M. MIDI.

86. — Jeune Femme en costume espagnol.

PAPETY.

87 — Intérieur de chapelle. Aquarelle.

PRUDHON.

88 — L'Amour rit des pleurs qu'il fait verser.

89 — L'Amour réduit à la raison.

90 — L'Innocence préférant l'Amour à la Richesse.

91 — Académie de femme.

M. ROQUEPLAN (CAMILLE).

92 — Vue d'une ville, composition effet de clair de
lune.

M. SANDOZ, d'après M. STEUBEN.

93 — Napoléon et son fils endormi près de lui sur un
canapé.

VERNET (HORACE).

94 — Deux petits sujets militaires.

95 — Le Bivouac.